Jan Turovski

FÜNFTER BEZIRK

PARIS
GEDICHTE

edition
andiamo

Bibliografische Information der Deutschen Nationalbibliothek:
Die Deutsche Nationalbibliothek verzeichnet diese Publikation in der
Deutschen Nationalbibliografie; detaillierte bibliografische Daten sind
im Internet über www.dnb.de abrufbar.

Originalausgabe
© 2020
edition andiamo

Lektorat: Anna Schneider

Umschlag-Fotografik & Paris-Fotos: Jan Turovski

Herstellung und Verlag:

BoD – Books on Demand, Norderstedt

ISBN 978-3-7526-7943-4

Printed in Germany

Gestern / Heute

Jan Turovski, 16-jährig, in Paris.

Quartier Latin

Auch später noch
suche ich dich
Éliane
unter Bleifassaden
sterbe
südlich der Liebe
mehlgrauen
Tod.

Der Fünfte
der Sechste Bezirk
trägt meine
Schritte
nicht mehr.
Vorbei
dreißig Jahre.
- Mehr als du
alt warst.

Parc Montsouris.
Gesicht
und Antwort.
Éliane.

Paris VIII

Es gibt eine
Leidenschaft
die über Leichen
geht.
Jardin du
Luxembourg
an einem
Sonntagmorgen.

Nur Kies
ist im Schatten
zu hören
den dein Fuß
nicht mehr geht.

Du hast mir
lebenslang
Glück serviert
das Menu Éliane
und eine Reihe
Namen noch
die ich
nicht nennen
kann.

Die Nacht der
Rue Tholozé
schreit nach
keinem
Licht.

Ein Wall Stille
und oben du
mit der Flagge
der entblößten
Brust
in der nichts mehr
schlägt.

Du hast mein Herz
befreit
wie meine Kinder
unsterblich
unter grünen
Gedanken
an diesem
19. Mai.

Gestern Heute

Das Schlimme
ist
an einem so
frühen Morgen
habe ich
keine Wahl
bin wehrlos
im Seine-
Schatten

denn die
Worte
sind schon
fort
die mich
in Schlaf-
Provinzen
so eilig
überfielen.

Gestern.
Heute.

Ich weiß

Du bist
seither
ein mystisch-
fremder Ort
an dem ich
willenlos
willentlich
baue

bis ich
unter allen
Sicherungen
erschlagen
längst weiß:
deine Gezeiten
gehören
nicht mir

und niemals
noch
dem Aufbruch
Utopie.

La douleur

Mein Herz
so weiß
verwaist
- verweist
mich
niemand
an das
Wahre.

Die Seele
Wand für
Wand
und wändelang
verkalkt
- erscheint
dein Fresco

farben-
blind.

Le bonheur

In einem
Färberaum
an einem
explodierenden
Freitag
entdecke ich
das Feuer neu
den Regenbogen
das blaue
Blinken.

Dein Gesicht
noch eben weiß
zerfetzt
in graue Steinchen
Mosaik
schnellt magisch
heiß zurück
zur Farbenlehre.

Und mich verroht
nichts mehr
unter
Sommerschatten
deiner Brust.

Valérie III

Heute
im satten
Mittag
schlug
sonnenbeerdigt
ein Dach
nochgrüner
Blätter
nieder
auf mich.

Ich geh
am Quai de
Bourbon
Richtung Leben
heb ab
und flieg

und oben
hält mich
wie unten
nichts als dein
winziger
Flügel.

Paris-Stories

Hände
noch nachtschwer
im Laken.
Dunst von
Kohleöfen
im Winkel
des Fensters
zerlegt in Streifen
der Jalousie.
- Überall
Geschichten
blaugrau -
aus Putz
und Fugen
der Wände
die sie
bewohnen.
  - Filmfein
die BachOrgel.

Im Übrigen
maßlose Stille.
Und Wort für
Wort
ins Papier
die Geschichten.
Jetzt lesbar.
- Geheftet an Wände
aus denen
sie kamen.

Marilena

Unter
Spiegeln
Lampen
dem Öl
Verheißung
Atem raubend

Bilder
die nur zum Teil
Spiegel Lampen
das Öl
des inneren Ichs
erlösen
die Augen
unter Liebe
dem Dach
der Lust.

Du bist
eine andere
noch
im Ungewissen
von Plaisance
- bis du
zum Ich wirst
erlöst
vom Ich.

Quelque part

Irgendwo
gehst du
in fremder Stadt
doch durch
hiesige Trauer
- zielbewusst
Gedanken
auf dem
Lid

und jetzt
Rue Malebranche
dein Ernst
wie Schweiß
von gesterns
neuer
Zärtlichkeit

ich schlaf mich
durch dein Haar
verdunste Trauer
Lust
und Wiederkehr.

Zum Teufel, ja.

<u>sans titre</u>

- unter
ewigem Eis
der Dauer
- die Farben
der
Worte
grell -

- unter
ewigem Eis
der Worte
- die Farben
der
Dauer
still -

Fünfter Bezirk

Cinquième Arrondissement

Revolutionskalender

<u>Pluviôse</u>
(Regenmonat 20.1.-18.2.)

Im Schlaf
mindern
spätere Zeiten
kein Ding mehr.
Schnell ist
Kindern
der Nacht
verziehn.
Doch nur
Silberfäden
halten
mein Haus.

Unterm
Mondschatten
erreicht
schon Sauerregen
den Hof.
- Sturmglocken
und
Blut-Suren
erschrecken
neues Land.

<u>Ventôse</u>
(Windmonat 19.2.-20.3.)

Langsam
bricht
die Flut
von mir
die Phantasien
sind los
wie geile Hunde
während bald
Tsunamis
mich verlassen.

Von den Lippen
reißt
jeder Akkord.

Spiegel-
verkehrte Bilder
fliehn achtlos
über eisglatte
Brücken.
- Gesprengt.

Germinal
(Keimmonat 21.3.-19.4.)

Die
staubfeinen
Nächte
zehren
am Gestein.
- Stadtteile
drohen
zerfallen.

Wenn man
mich fände
im Glas
- ein Relikt
ohne Ton.

Doch mich
friert
ich lebe
seh ständig
schürfende
Hände.

Floréal
(Blütenmonat 20.4.-19.5.)

Dem
Ungewissen
droht die
Klage.
Zur Geißel
Grübelei
greift
manches Herz.
Das Blut
stößt
ängstlich
weiße Blasen
hin zur Nacht.
Laternen
lärmen vage.

Und unterm
Laken
kocht
zu Erz geworden
bleibärtig
das Beklagte.

Prairial
(Wiesenmonat 20.5.-18.6.)

Nächte
gerichtet
ins Sternmaß.
Versteppte
Finsternisse.
An kalten
Gittern
leckt ein
spätes Licht.
An Tafeln
Platz zu nehmen
speisen
Gestrandete.

Tage Wind
und Augen-
Hände
die das
Gift vergaßen.

Dieses Gift.

Messidor
(Erntemonat 19.6.-18.7.)

Bleich
flieht
der Halbmond
westwärts.
Die Nacht
sät emsig
Säure
in den Wind.
Wenn bald
schon Bomben
heiter sind
- die Bibel
Gott
verschont

- Fackeln
fades Feuerwerk
im Überfluss.

Die Farbe
Schwarz
von Blut
entthront.

Thermidor
(Hitzemonat 19.7.-17.8.)

Über
träge Trümmer
schreitet
dein Gedanke
dein Fuß
öffnet
zerfallene Räume
- in jedem Stein
ankert
Stolz.

Aus dieser
Nacht
gehn hohe Noten
ins All
vielstimmig
letzte Tage.

Dein Gedanke
erbarmungslos
schreibt
heiße Takte

- ohne jeden
Schlüssel.

Fructidor

(Fruchtmonat 18.8.-21.9.)

So achtlos
trägt
kein Wind
die Sommerhüte
weiß
von damals

- die Hunde
scheißen
wo Boote
einst flanierten

wo
dein Gesicht
in Jenseits-
Religionen
das Ablicht
Heute
gierig
streift.

<u>Vendémiaire</u>
(Weinlesemonat 22.9.-21.10.)

Dein
Mond
im Kupferhaar
nördlich
der Trauer.
Kühl steht wie
Klostergang
das Blutgras.

Der Überdruss
zieht Worte.
Nichts ist
ähnlich
unseren
Nächten.

Noch
harmlos
umlagert
Propheten-
Sermon
deinen Thron.

Brumaire
(Nebelmonat 22.10-20.11.)

Asche zu Eis.
Die Lust
zur Neige.
Ist nicht fade
der Tag
ohne Fieber?

Mein Plasma
will
brennende
Gier.

Die Adern
deiner Nähe
schlafen gut
geraten schnell
vernäht
ins Fragen
Geschütze
Salven
mögen
meinen Mut
Trägheit
und andre
Plagen.

Frimaire
(Frostmonat 21.11.-20.12.)

Eisblut.
Winterhände
gängeln
verlassene
Kinder.

Wege im Fluss
treiben
hauchblank
mein Herz
nach Montsouris.

Heißkalt
unter Horden
der Kontinent

ein Ort
für schreckliches
Landen.

Nivôse
(Schneemonat 21.12.-19.1.)

Auf dem Zinkdach
gedeiht Stille
die Höfe sammeln
tätiges Eis
lebt trotzig
vorletzter
Wille.

Auf dem Zinkdach
stirbt endgültig
Regen
Gesichter erdrosseln
die Nacht
stehn endlos
Bäume
wie Degen.

Auf dem Zinkdach
grausiger Schnee
das hungrige Herz
unbegehbar
Heimsprache
Rachenlaut
pupillenlos
dämmriger
See.

Irrer
Sommer

Nadine

Jenseits der
Schatten
der Abgründe
wo helle Inseln
treiben
schwebt dein
Gesicht
- Parc Monceau

in Unschuld
nicht lieblos
unverstanden
nicht mittellos
doch ohne
Grenzen

- fast lautlos
suchst du
verwegen
Rimbaud
den wahren Segen

- die Hände
der Worte.

Joy

- gelegentlich
schon an der
Schwelle
fielen mir
tiefdunkle Sterne
oder waren es
Augen
ins Netz

eine Haut
unter Schnee
blassrosa Brüste
frierend klein
von fremdem
Kummer
dein Mund zieht
Kontur
zum Horizont
Lust
ein Weichgebirge
weder Frage
noch Ziel
in deinem Leib
paradiesnah
kleine Nester
aus Dichtung
schuldlos
ungeboren

erst jetzt -

Prière

Endlich
schwindelfrei
will ich auf
Abseiten
meiner Süchte
segeln
die Unschuld
ohne Seil
erreichen
die so
vehement
lockt.

Nur lass mich
nie
das Triebhafte
vom Heiligen
trennen.

Niemals.
Nie.

Festspiel

Das
Leben
die Provinzposse
mit heiligem
Ernst
aufgeführt.

All diese
Paradies-
Versprechen
die das
schale Wunder
Gewöhnung
vermehrt.

In einem
einzigen
Blick
setzt du
Leidensflut.

Dein Auge
bühnenrund
für Sonne
Wasser
Sterne.

Ein Wunder
- für Wunder
untauglich.

Landstraße Leben

Auf
Landstraßen
zu Fuß ist's
gefährlicher
als auf
dem Seil.
- Sorglos
täuscht
Dunkelheit.

Doch
du hast
diesen
weißweichen Leib
die Haut
seidenmatt
der zögernden
Palette
abgeschaut.

Am
Abhang
der Stirn
fliegen
im Wind
gedankenlos
Fahnen
des
Friedens.

Irrer Sommer

noch Stunden
vom *Großen Bären*
im hitzewirren
Mittag
jedes Staubkorn
rimbaud-verwegen
der Schritt
widerborstig
in den
Grasnarben

stürzt dieser
Sehnsuchts-
himmel
hochblau und
duftend
über mein Ich

kocht
Schönheit fern
jedem *Cabaret-Vert*
unter
blaugrünem
Gemüse

dem einzigen
Schatten

Versuch

Ich singe
auf vielen
Äckern
tief am Grund
fettiger Furchen
auf der Flucht
vorm flackernden
Dasein
- unbestehbar.

Den Schein
zu züchten
endlos
potenzierend
hinters
Wetterleuchten
bin ich zu müde
will den Schmerz
durchbrechen
bis er
stumm ist.

Nahe der Grenze
liege ich
am eingefahrenen
Korn
rieche nur noch
Himmel Erde Luft
die langsam
verbluten.

Wachschlaf 1

- heute nacht
sah ich dich
pflügen
mein
gewissen
die grauen
vorfelder
des neuen

schritte
absätze
ins koma
geknallt

wehrlos
höre ich
aus Belleville
schreckliche
pläne -

Wachschlaf 2

- nach einem
halben
Leben
überfiel mich
Traumfeuer
ein Mund
voller Sterne
ein Brausebad
Babyzungen
Millionen
Piranhas -

- verzückt
schrieben
sie blutig
den einzigen
Namen
ins Fleisch

am Morgen
spurenlos Haut
kein Blut
kein Name

- nirgends
der Schlüssel
fürs Gestern -

Berg Tal

Manchmal
an hoch-
schwangeren
Tagen
packen mich
Sehnsüchte
wie Greifvögel.

Über licht-
späten
Höfen
endlich
frisst Angst
mich

wohin
sie mich
stürzen
lassen.

Zwölf Sonntage
auf dem Père Lachaise

Père Lachaise 1

Wo leben?
Die Krater
feuerlos.
Und Hass auf
allen Plätzen.
Alleen
gepeinigt mit
Stille.
Im Feuer kalt-
gemachte Ströme.
Unversehrte
tief verstört.

Und letzte
Glieder
kahl in Terrors
Glut.

Wo sterben?

Père Lachaise 2

Herzschlag-Gräber
jenseits des Lärms.
Die Einsamen
üben Tod.
Unsichtbar
im Gefälle der Äste
bohrt
Schlagbaum-Licht
ganze Städte
ins Eis.

In einer
Marmor-Höhle
fault die gesteinigte
Jungfrau
im dreizehnten
Jahr.

Ganz schmächtig
lächelt
ein Ohrring
den
Zeiten.

Père Lachaise 3

Alt geworden
in den Häfen
letzter Schiffe.
Lasuren blau
als Maß
der Fahrten.

Im Seegelände
Deiche aus
Gebeinen.
Unkenntlich
wachsen hinter
Namen
Volks-Leiber
Genozid-
Begehren.

Im grünen Horizont
der Schatten
gestrandet schwer
Europas Regeln

- Flüsterleib
der Städte.

Père Lachaise 4

Einst ist Sonne
ausgestorben
auf den Hügeln
Krebse schwelen
still im Sand
laut blähen
Schmetterlinge
mit verbrannten
Flügeln
Fischschwärme
graben tief
ins Land.

Einst sind Vulkane
angezündet
in den Flüssen
und Schilfe
atmen am Gestirn
grell treten Vögel
aus den Finsternissen
die Algen
scheiden
spröde sich
vom Firn.

Père Lachaise 5

Heute sagte
Rimbaud zu mir
auf der Nachtflur:
Vergiss die
Heimatlosen
den Sturm
der Sonnenuhr
die Angst der
Friedensrosen und
das Schlummerboot.

Denk an die
bleichen Zeiten
das Fluten
der Gehirne
die Lehrzeit
Agonie
das blaue
Leichentuch
des Orients

gleich hier.

Père Lachaise 6

Forellennacht.
Wer redet vom
Sterben?
Verse im Stein
der Schnee trägt
Blätterkörper.
Das Reisigherz
der allerletzten
Winter.

Münzspeier
Sonne
bleckt im Asphalt
von Ménilmontant.
Das Glocken-Gebell der
Église
Immerwährende Hilfe
gleich nebenan.
Respektlos
brüllt Allahs
Schatten
säumt
die Flamingonacht.

Glocken - ach was.
Wer redet
vom Leben?

Père Lachaise 7

Dornen reisen
im Blut
der Lagune.

In diesem
wortlosen Meer
schreit die
Sonnenurne.
Fliehn
Frau-Legenden
frühe Plätze
zum Gott
der Niederlagen.

Fahrig fröstelt
unter Drohung
manch ungeschickte
Hand.

Père Lachaise 8

Der Traumkreis
zeichnet
Aufbruch.
Windgesichter
schwenken
Unschuld schon
ins Nachtgefäß.

Der Fischleib
steinig
zieht nach
Gambetta
das letzte
Regennest
zu brechen.

Gras splittert
schrill
und Sätze
rechts nach links
schreien
handverlesen
- leer.

Père Lachaise 9

Ich reise ans Ende
der Tage
wo Wege verwischen
blaulüstern
im Park.
Schrill-fremde
Füße
im Gras.
Doch wozu?

Die Alten füttern
sabbernd
Krüppel-Tauben.
Du singst
blau-gläsern
weich
und absolut.
Hast keine
Namen mehr.

Ich reise
bete
auf Wegen
schillernd
im Park.

Doch wozu?

Père Lachaise 10

Kalte Straßen.
Das Gemeinwohl
der Namen
friert gleichmütig.
Unter Schwingen
Dunst
hängen Geräusche
gelangweilt.
In den Himmel
geschlagen
leckt
Schwüle
am Bart
des Propheten.

Du kamst nicht.
Erträgst nicht
Kindergeschrei
das Schütteln
versiegter Milch
zwischen
vermauerten
Schädeln.

Dein Leib
unverhüllt
ist schön noch
wenn du dich
selbst
zitierst.

Père Lachaise 11

Vorletzte
Kleider
gestorben
im Zwielicht
Zeit.

Hinkende
Wort-Höllen
verpfändet
Gotts
hoffendem
Ohr

und starren
Engeln
die mit
Finsternissen
morgen-
ländisch
fächeln.

Père Lachaise 12

Bereite
dein Werben
Nachtmond
die Steine
schon
im Pamphlet.

Verleite
zum Sterben
Nachtmond
die Keime
denn es
ist spät.

Nachtmond.
Zu spät.

Visionär

Visionär

Im Kornfeld
ausgebreitet
Arme Beine Kopf
fünf Richtungen.
- Fern locken
Küchenfenster.
Bin fünfzehn.
Im Rücken endlich
Juliboden
ohne Mahnung
heiß duftend
nach Frauen und
Wahnsinn.

Ganz oben Himmelblau
und Wattebäusche
wandernd nach
Frankreich.

Weiß Gott
noch einmal
vierzehn Jahre
das schreiben gewiss
die Ähren
ins Blau.
- Will sterben
zu Fuß
am Panthéon
mit neunundzwanzig
denn ich hab Ziele.

Jetzt schreib ich
fünfundfünfzig
unter Sirenen
von einem
Julitag
vor vier
Jahrzehnten
den ich verdammt
nicht ernst genug
nahm.

Juli. Regen.
Vierzehn Grad.
Die Wege
aufgeweicht.

Die Hüfte
schmerzt
bei jeder
riskanten
Idee.

Paris Mai 97/ I

Auf der Suche
nach Toten
mit zerkratzten
Namen
überquere ich
den Sprachwall
Rue
Monsieur le Prince.

Meine Maske
fällt
in wenige
vertauschte Hälften
die den
Jahrhundert-
Clochards
geblieben sind.

Haus
ohne Nummer
Namen.

Papeterie
Scolaire

Früher
schrieb ich
mehrfach
jeden
herunter-
gekommenen
Satz.
Noch immer
kaufe ich
mein Papier
bei *Gibert*.
Es glüht
im Schrank
mit vielfach
farbigen
Rändern.

Dreißig Jahre
bewahre ich so
den Mindest-
standard.
Auch ohne
Worte.

- Der Bettler
mit drei beschrifteten
Tüten.
Sorge Dich nicht,
lebe!

42 1/2

Ich habe
meine Schuhe
in Paris gelassen
in einem frisch
gesäten
Betonbeet
Rue Galande
- über Nacht.

Dort werden sie
walk of fame
starr werden
denn es ist
Pfingsten

so will ich
wenigstens diese
Ewigkeit
überdauern.

Ernsthaft
stell ich mir vor
jemand probiere
meinen Abdruck
und habe
oh Wunder
die gleiche
Größe.

Ici

An meinem
Damals-Hôtel
klebt
noch immer
verwegen
drei Meter hoch
Ici vecut, travaillait ...
Hier lebte, arbeitete ...

die Plakette
die ich aus
Nichtsnutz dort
anbrachte

vor zwanzig
Jahren.

Niemand
hat sich
bisher
daran gestört.

Paris Mai 97/ III

In diesen Zeiten
führen wie ehedem
arrivierte Söhne
ihre gebrechlichen
Eltern
durchs Quartier.
Es ist Pfingsten
der Himmel
unerlässlich blau.

Von jenseits
der Grenzen
rollt PS-stark
die Invasion
der Busse
und zu enger
Shorts.

Vraiment affreux
sind die Sandalen
der Deutschen
das Kichern
der Japaner.
Wahrhaft grausame
Socken
plagen Paris.

Entblößte Gebisse
die nicht gerade
weiß sind.

Paris Mai 97/ IV

Eins ist sicher:
Meine Wege
werden mich
wieder
einen Fußnagel
kosten.

Spannend
denn es ist
keineswegs
klar
welchen.

So waren
schon alle
einmal
blau

- schmerzhaft
besoffen
die Poesie
der Straßen.

Paris Mai 97 V

Die Stadt
still wie ein
Sonntag
hat Gesichter
verloren

Scharen von
Asiaten
stellen schreckliche
Fragen
die Sorbonne
windet sich
unter Gerüsten

nur an
abgelegenen
Stellen
kann ich den
blauen Flakon
Memoire
öffnen

den ich einst
gut lesbar
beschriftet habe.
Memoire.

Petit déjeuner

ich wollte ein
wahrhaft
schreckliches Hotel
wo noch heute
Studenten
mittellos
hausen

der Aufzug
wenn überhaupt
eng wie
Schrankkoffer
oder ein leerer
Brustkorb

auf dem Tablett
der Zucker
quer
unterm Teller
verstreut

der Saft
schon jetzt
unkenntlich

sie verlangen ein
Kunststück:
Zahlung im Voraus

Retour

Retour

Ich vergesse
für Stunden
wo ich
Jahre schon war
welche
Professionen
ich verübte.

Habe mich
tausende Male
ermordet
zu glitzerndem
Leben.

Und jetzt
wo jeder Splitter
der Stadt
spiegelt
ohne zu
töten
lieg ich am Fuß
kleiner
blinkender
Berge.

Und staune.

Paris unique

Nichts ist
so unendlich
zinkblau
wie ein
Pariser Morgen
mit dunst-
gestreuter
Sonne.

Die Hoffnung
der Händler
stellt Blumen
und Tische
heraus
- mit
beschwörendem
Schwung
auch manch
gewissenlosen
Korbstuhl.

Nichts
gleicht dir
am Ende
der Nacht
wenn sich
schäbige Reste
schlitternd
nochmals
verschönern.

Centre Pompidou

Sie wandert
bindungslos
unterm Zeltdach
die Augen feucht
verletzt
am Mund zwei
Finger
mit blanchierter
Nuss.

Irgendwann
war sie schön.
Ihr Herz
von lieblosen
Pfeilen
getroffen.

- Sie ist nicht
weltläufig
die Welt läuft
in ihr andre Wege.

Paris
für jeden
ein neues Gesetz
erläuft
Unvergleichbares

- zersplittert
zerborsten.

Nachmittags liegt sie
unkenntlich
am Fuß der Figur
Nicki Saint-Phalle's

bunt geboren
aus Pappmaché

doch schön
wie Menschheit.

Unzähmbar.

Übergangsheim

Am Quai
de la Mégisserie
leben
Ausländer in
Käfigen.

Lediglich
quiekt
einer mal
wenn die Frau
im weißen
Kittel
die Türen
unsanft schließt

- einem Iren
einem Deutschen
dem Engländer
Afghanen
das Bein klemmt.

Sie sind
geimpft
entwurmt
diese Hunde
und spielen.

Porte de Choisy

Dich
hatte ich
neu erfunden
in dieser Stadt

du aber willst
im 13. Bezirk
abhanden kommen.
Ausgerechnet
bei den
Chinesen.

Doch die haben
eigene Gesetze.

Du fürchtest
dich
jetzt
gesetzlos
vor der Operation
Auge.

Endlich.

Coeur

Jardin
du Luxembourg
ein Kindkörper
mit dem
Milchschorf
der Frühe
mit ersten
Erhebungen
dem Wissen
ferner
Generation

der du
mit keinem Stift
keinem Auge
nichts
bietest.

Wasserwagen
bepumpen
mit langem Rohr
tuckernd
steinerne Kübel

grüne Männer
stechen
gezielt ins
wehrlose
Herz der Stadt.

Jardin

Die
gebratenen
Mandeln
schmecken wie
vom
andren Stern.

Lindenblüten-
alleen
von Tauben
zerfetzt
einszwanzig breit
und der Asphalt
schmal
hinüber zur
Rue d'Assas.

Ich singe
wie irr.

Der schwer-
schattige Duft
hält jedem
Finger
Erinnerung
stand.

Auge Nase Ohr

Manchmal
haben Feuer
stille Reserven.

Schon unter
der Schwelle
ahne ich
wie es
ohne mich
schwelt.

Noch lange
werde ich -
Rue Daguerre -
Geräusche
des Hauses
hören.

Aquarellblau.
Heiß.

Weitfern
über mir.

Menschenlos.

<u>Waise</u>

In mir
kamen
zwei Frauen
nieder.
Anarcha
die eine
Familia
die zweite.

Noch immer
streiten sie
über Gräber
hinweg

seitenlang
um die
Frucht
ihrer Leiber.

Toute la France

Toute la France

Samstags
rollt die Provinz
ganze
Départements
fluten
die Stadt

abgetaucht
in grünen Höfen
kann ich
den Kommerz
verteufeln
von dem ich
recht und schlecht
lebe.

Sonntags spät
nachdem sie
sich Nächte
um die Ohren
schlugen
herrscht Stille.

Ich rüste mich
in menschen-
leerem
Quartier
für allerlei
Montagslärm
der Boulevards.

Règle du jeu

- du kannst
mit hundert
und
klirrendem
Chrom
engste Gassen
zerreißen
mit Kawasakis
lebensgefähr-
lichen
Lärm an
Wände kleben

doch der Park
kennt
blau livriert
keinen Spaß

noch bevor er
den Rasen berührt
pfeift ein Flic
gnadenlos
jeden Hintern
zurück

bis zur Hocke
zum Anschlag -

Akbar
Barbès-Rochechouart

Ich seh sie
überall
sie schleichen
durch Städte
Fußgänger-
Zonen
besetzen
Landstriche

selbstzufrieden
bewaffnet mit nichts
als Gebetsketten.

Männer.

Dahinter
oft beschnitten
viele übergewichtig
wahre Mulis
beladen mit *Carrefour*
oder *Franprix*
und dem Elend
der Gefühle

über Schultern
hinweg
empfangen sie
bellende Worte.

Die Frauen.

Wahrhaftig.
Dieser Gott
ist groß.

Er ist
ein Mann.

Wieso

- wieso seh ich
nicht blau
was ich gelb seh
weshalb nicht grün
was rot

diese Art ewiger Fragen
sticht in den See
meiner Dämmerung
kurz vorm Schlaf
oder immer auch
wenn kein Platz ist
für Farben

latent schweigen
Unbekannte
decken nur kurz
den Hunger nach
Vokalen
wie sie Rimbaud
erfand

ich fahr ohne Zögern
drei Stunden
für einen Morgen
an der Maas
mit seinen Augen
sehen
was sein wird
längst vorbei -

Postal

Der Autor sendet
letztendlich
sein Bild aus Paris.
Grünblau der Park.
Er selbst
asphaltgrau
den Blick
im Laub
- Gardinenfluchten
hin aufs
Champ de Mars.

Perspektivisch nah
der Faun
rechts oben
ätherisch gerafft
das Panthéon

er inmitten
weißer Tulpen
- alles fließt

in Baumkeilen
silbrig die
Kuppel
oberhalb Soufflot
wo so viele schon
nutzlos
begraben sind.

Fontaine-le-Port

Worte
flüchten
über blanke
Stühle
wie einstmals
gesagte

das riesige
Kind
sprachlos
starr
in Gärten
vormaliger Eltern

weit fort
verklungen
ihr Mahnen
auf dem
von fünfzig Jahren
abgegrasten
Tisch.

Im Ohr der
Worte
der Augen
altneu
noch immer
ein Sermon
in Hitze
- die Seine.

Charleville

Die
Place Ducale
schneidet
Vergeblichkeit
aus der
Mittagshitze.

Ein Lumpenmarkt
wirft nutzlos
Farben
in den Honig
der Fassaden.
Man sitzt
bei Kaffee und
Kommerz
als sei *er*
nie gewesen.

Die Maas ölt
wie ehedem
sonnenlang
hinauf
nach Givet.

Der Stadtplan
verwechselt
schnöde
Geburtshaus
und
Quai Rimbaud.

Doch sonst
tut man viel.

Und profitiert.

Im Museum
Vieux Moulin
dreht sich
goldbesoffen
letztes Licht

um den Kopf
des Dichters.

Morgen an der Maas

Neulich
in deinen Augen
ein kleines
Viereck
ein Passbild
deiner Trauer
- betrogene Liebe
und verirrte
Wege
wo feine Fäden
immerwährend
Warum
sagen.

Du hast
gelitten
auf Wegen
ohne Zeiger
in Uhren
ohne Zeit
kannst dich
nie einholen
bist wehrlos
in die Welt
geworfen
ein wundersam
schönes Tier
das nach
Ewigkeiten
hungert.

Ich hatte
Angst
in diesem Blick
nur noch
das kleine
Viereck
zu sehen

aus dem du
längst
verschwunden
bist.

Dschungel

Ich schlag
mich
mit Macheten
des Willens
durch die
vom Alltag
erblindete
Sprache

gerate ans
Ufer
des Königs
mit rot-
geschriebenen
Händen.

Mein Wort
ist lautlos
gefallen
in vielen
verworrenen
Kriegen.

Odem

Ich hege
dunkle Vorlieben
die ich
dem Vagen
entgegen
bringe

unter vielfachem
Hohn
lasse ich
bittere Schönheit
ins Herz

füge mich
fern jedem
Umsturz
der heißen
Ordnung
deines
Atems.

Missverständnis

Missverständnis

Schon in
grüner Frühe
deiner Augen
lagen
unwirsche Fragen:
was willst du
du da
mit deinem
Alter

dabei war
diese Frühe
Rue Coulaincourt
nur ein
Gepäckstück
auf dem
Laufband Leben
das ich
streifen
dem ich mit
einem Grinsen
folgen wollte

wohin es auch
käme.

Laura 1

Und doch
bist du
vermutlich
eine ganz
andere

wie die in
den Büchern
die unter
Fetzen
der Worte
ganz neu
werden

eine andere
eben
- Rue Laplace
cinquième étage -
und doch
nur du
einzig du.

Laura 2

Mit allen
Mitteln
würdest du
mindestens
Laura
heißen wollen

- Laura
vom Schnee
von
der Sonne
dem Wind
den Feuern
den Wassern
Kohle und Eis -

nah genug
warst du
immerhin
den Elementen.

Laura 3

Gern hätte ich
dich
Lauretta
nennen wollen
doch dann
schienst du
zu groß
für dieses
zarte Register
zu fern von
verniedlichten
Bildern

wohl aber
und immer
mit überkochender
Seele

- dem Herzen
ständig
am Abgrund
Petit-Montrouge.

Laura 4

Aus den
Pforten
des neuen
Jahrtausends
noch seidenweich
duftend
gelangen Wünsche
hinauf
zum Fuße der
Brust

suchen
in weißen
Teegärten
nach Goldspitzen
den Kuppeln
gieriger Lust.

Du besiegst
allemal
diese Jahre

schon mit den
Schatten
eines Hügels.

Amour 1

Es waren Blitze
in der Luft
Gewitter
sonniger Tage
seltsame Bedrohung
Visionen
schwarzer Tänze
im Gemüt.

Überraschend
warst du
Körper und Seele
und auch Himmels
Willen
Fegefeuer
unversehrter Fuß
inmitten der Wut

- ein Vogelflügel.

Beende nie
diesen Tanz
sonst
werde ich
Rotfeuers Asche sein
- eines simpel
nüchternen
Sonnentages
Schatten.

Amour 2

Kannst
nicht
umfassend
Glück sein
noch magische
Krone
eines Einzelnen

was man
erkennt
nahtlos erregend
ist Umriss.

Dich
zu erreichen
den kochenden
Gipfel
wird man
lächelnde Hände
brauchen
fliegende Augen

den entfächerten
Zugriff
Seele.

Amour 3

Wenn du
am Fenster stehst
Rue Serpente
mit nichts an
als dem Regen,
wird diese Welt,
mit Tränen
verkleidet,
überwältigt
von Glut

ein Flüstern in
spiegelnden
Tropfen
die Ufer zu fluten
mit klar-kleinen
Hügeln
auf denen
winzige Gesichter
frieren
- deine Gedanken

und treffen ein paar
meiner Gesichter
die du
schon immer
nicht kennst.

Zustellung

Die Fenster
deiner Seele
ordentlich
vernagelt
als wolle
mein Blick
mit dem Bösen
einfallen.

Immerhin
bringe ich
Wahrheit
vorbei.
Doch die ist
groß
und sperrig

auch ich
frage mich
wo nur
bringt man
sie unter?

Trügerisch

Unter Himmeln
Enttäuschung
- den Wolken
Kindheit
von Vincennes
gespickt mit
wattiertem Spielzeug -
sehe ich
Aufbruch
zu mühsamen
Ufern
- das lachende Kind
das übereilt nochmals
Frau wird
in ängstlicher
Rückschau -

indem sie sich
fern macht
kommt sie sich näher
indem sie sich
schwächt
wird sie stark
 -in trügerischen
Wassern
der Ziele
ist sie schon jetzt
schemenhaft
sie selbst
- als Spiegel.

Dimanche

Das Grau
des Regens
trinkt Fassaden

in Fängen
früher Klassik
das Bett
eine Höhle.

Das Flüstern
Haydns
Rue Tournefort
will die
Geburt der
Farben
verhindern.

Dein Erwachen
die Explosion
Liebe
unter singendem
Wasser
setzt das neue
Alphabet.

Schriftsteller

Schon immer
genügte
das Skelett
- Fleisch kann man
erfinden
für neue
Zeitalter

- Personal
Wortketten
abgrundblaue
Hügel
hinter denen
endgültige
Geschichten
wohnen.

Nichts leichter
als uferlose
Figuren
ins Leben
zu stoßen.
Und dann ...

Die Worte der Farben

Die Worte
der Farben

Unter
höllischen
Himmeln
der Geschichte
sucht
deine Hand
die Worte

setzt
Schmerz
und Unrecht
Ekstase
Wahrheit
bitter-
schön
ins Licht

unter
höllischen
Himmeln
berührt
dein Strich
die Schwelle

die offenen
Zimmer
der Dauer.

In den Bildern

Doch
vielleicht
wohnst du jetzt
in den Bildern
heiß und kalt
und sicher
in der Lava
für neues
ewiges
Morgen

doch während-
dessen
Ile St Louis
explodieren
im Kopf
in Händen
neue Bilder

ein Mann
still wie
ein Feuer
umrundet
die Welt

sucht noch immer
die Schönheit
der Schmerzen.
Noch immer.

Der vierjährige
Maler

Haben
Körper Geist
und Seele
das Volk
deines Ichs
schon gewusst
in blauer Frühe
der Angst

dass schmerzende
Furcht
dass Sehnsucht
Bilder
würden?

Ich weiß:
irgendwo
abgeschieden
in vager Hitze
des Krieges
sind für immer
drängend
hinter dem Herzen
die kühnen
Linien
entstanden

vierjährig früh.

Rue Vavin

Rue Vavin 1964

Immerhin
hab ich
am Bordstein
sitzend
die Unbekannte
erwartet
Vernunft
und Vorlesungen
die Seine hinab
mit einem Zettel
kam sie
nach drei
geschlagenen
Stunden
du kannst mir
Briefe schreiben

nach einem
halben Leben
leg ich dir
noch immer
Briefe aufs Grab
verfluche
den Mörder
den Cabrio
- gleichwohl
ohne Brief
ganz altmodisch
läuft noch immer
nichts.

Éliane III

Ein Wort Das Gesicht
nichts wissen nur folgen.
Ein Name Die Welt
Mai. – Messerscharf
schließt jeder Abgrund.
Wo ist
was ich wusste?
Boulevard Raspail.
Endlos Tage Hände
Augen das Gelingen.

In der Augusthitze
gehn Briefe
langsam.
Die Kreuzung Vavin
wird zum Dorf
wo Fragen zittern
noch dein Schatten
schattenlos sitzt.

Schon September.
Sie ist tot,
sagt die Frau,
schmal und ratlos.
Ein Tod im Süd-
westen
im Staub.

Rue Saint-Jacques.
Die Treppe Das Zimmer.
- Mein Abgrund:
Tinte des Lebens.
Leinen los!

Über mich
wird Herbst kommen
immer nur
Herbst
und wächserne
Hände.

Das Steuer
unbeherrschbar.

Paris Mai 97/ II

Die Rue Vavin
ist auch nicht mehr
was sie war.

In meinem Bistro
ist jetzt *brunch*
tous les jours.
Die Nummer 18
trägt keine Trauer
mehr.

Unterm Dach
gings hoch her
mit einem
Lammfellteppich
überm Geländer.

Die Luftlinie
via Sorbonne
ist nur noch
ein halbes
Problem.

Dein Gesicht
schweißnass
noch im Kopf.

Und ewig.

Zeugung

aber das
Kind
will ich
in einem
französischen
Kornfeld

vor Sonnen-
untergang
im staubheißen
Juli
noch vor dem
vierzigsten
Jahr

solltest du
dann
bei Chevreuse
noch immer
wach sein
für mich

Im Wort

Daheim
bin ich
nur im Wort

Haut und Haar
vergessen nichts
- das Fleisch
zuckt
unter Erinnerung.

Einsame
Landwege
es ist Sommer
will nie mehr
wieder-
kehren

laut redend
die Provence
weit unten
lavendel-besoffen
und Wüsten noch
durchqueren

ungesehen
-gehört
heim ins Wort.

Poetessa

- woher kommen
die Flügel
die halben die ganzen
die aus dem All
taumeln
deine Worte nehmen
überall
Blätter mit
verlassen hochbunt
Bahnhöfe der
Schmerzen
wo andauernd
Züge fahren
ohne Plan

dein Gesicht
die Augen der Mund
Herz und Hand
in Obhut

- ohne Permit
ohne dein Lächeln
einzufrieren
einfach
alles -

<u>Paris no age</u>

Now
that I know
a nostalgic camera
could be
my last
girlfriend
help me to reach
Paris
with tired legs
to snapshot what
I believe to be
the rest
of 5th and 6th
arrondissement and
the whole lot
of a life lost

the colours
the smells
the sounds
still of no age
and me
on a bench
bleeding feet
and a woman
goes by
leaving one Euro
next to my
girlfriend
the camera.

Matin obscur

Le matin
un amour
folie
encore bleu
comme une
orange frileuse

les noirs des
murs
menacent
plein de neige
d'une vérité
à venir

la chevelure
monstrueuse
du jardin doré
assomme
les cloches
du quartier

pour survivre
au futur
du jour
il faut seulement
fermer
la fenêtre.

Alles

Für
lichtscharfe
Abgründe
die passionierten
Wolken
weißtrockene
Wasser
- Feuer
regenbogenbunt -
leg ich
ein Wort ein

für Achstunden-Wege
nach Frankreich.

Sie alle
wortlos
voller Gier

gewinnen
keinen Preis.

Endlose Tage

Endlose Tage

Die Tage
endlos
wo war doch
Zeit

gedehnt
lavieren die
Stunden
nehmen Lachen
aus zufälligem
Alltag

die hellen
Schatten
- Rocklängen
Glück

schimmernd
kühl
weder
ja noch nein
der Abend weit
verewigt.

Bei Ménilmontant
noch immer
kein Morgen.

Trennung

Die Sehnsucht
das Schweigen
so nah
beieinander
wie absurde
Gärten.

Auf der Mauer
dazwischen
das Ich.

Die unbesiegbaren
Sommer bei
Le Vésinet

schon lange
sprachlos
im Exil.

Debout

Faire l'amour
die letzte Métro
leer vor Passy.
Seine in Aufruhr.
Nur das
Brückengeräusch
und Germaines
Atem am Ohr.

Bald fressen
Häuser
das Rattern
der Wagen.
Hinter ihr
in der Scheibe
der Tür nur Nacht
frierende Lichter.

Die Stufen hinab
Stahlstützen
das bessere Haus.
Nicht sprechen.
Der Rückweg
bis Denfert Rochereau
einsam.

Faire l'amour
immer noch
schwebend.
Jahrelang.

Fontaine Médicis

Eine Frau.
Dreißig.
Mille-fleurs.
Ein Sohn von acht.
Sie reden
friedlichster Ort
der Welt
über das Blau des
Himmels
ohne Wolken.
Man muss warten,
sagt sie.
Das ist selten.
Wie im Leben.

Währenddessen
entdecke ich
im Stein
der *Fontaine Médicis*
eine Gewehrkugel

sie steckt
verborgen
an der Rückseite
- in Kopfhöhe
eines Achtjährigen.

Ein Mensch

ein mensch
wirft
schatten

schwarzes
licht

erkennt
erreicht
er ihn
ist er kein
mensch
mehr

ein schatten
schwarz

tod zu lebzeiten

- noch gestern
wollte ich dass dein
bild
mir zuvorkäme
wartend
am bordstein
sehen wie dies
unendliche licht
aus dir springt

aber die
Seine hinab
die füsse wund
lese ich
den einkaufszettel
hellblau
der nicht
für mich
bestimmt war

ein intimes
gedicht
deiner augen
deiner hand

und die füße
gehen
einfach weiter
richtung
Saint-Cloud -

Deine Stille

- deine Stille
ein weiß
versunkener
Wald

dein Wort
ein illusorisch
flirrendes Feld
bei Grasse

ich und du
weiß
versunken
in irrenden
Zeilen

Licht -

Armut

Die Armut
des Lichts
ohne
Menschenwerk.
Mangelhafte
Wirklichkeit
und kein
Lehrplan
nirgendwo.

Die Stadt -
gedeckter Tisch
mit Geschenken -

kein Deckel
in Sicht
für Schwermut.

Das Schweigen
der Leiber
kostet mich
keinen
Cent.

Zum Teufel

Lass mich
aus dem Lächeln
der Madonnen
hervortreten
dem Umgebungslicht
schönen
Schweigens
im Rücken
Baumriesen
bei Rambouillet
zerklüftete Bänke
verwachsene
Votivhäuschen

vor mir
wogend
der Raps-Mai
die gelbgrüne
Flut

damit
ich sagen kann

zum Teufel
ich habe
gelebt.

The night and me

The night and me
we are alike
a plumage of black
blooms
strike after strike
employ but speedy
grooms
to saddle swift
the horse of
phantasy.

Paris nights
system of shadows
marriage of dim
delights
and painful
happy extasy.

But you.

La retraite

Sechs Stufen
hinauf
zum Abstieg
unter die Welt
Sainte-Étienne-du-Mont
Licht und Dunkel
erwandern
Haut und Hirn.

Leise Etuden
- die Orgel malt
schlicht
das einzige
Gesicht
das mich rettet
in dem künftige
Kinder
schon ruhen.

Die Orgel
jetzt stumm.
- Ikonenhaft
folgt mir
über die leere
Place du Panthéon
dies eine Gesicht.

Antwort
auf alle Namen.

Ideal

Der Sonne
ins Gesicht
sagen:
das Fließen der
Tage sei
die ideale
Wahrheit.

Was länger dauert
als ich
ist ohne Paradies
und doch
ewig.

Die Hochzeit
des Absurden
unter
abnehmendem
Licht.

Demi-Jour

Zwielicht

Lumière

Die Statuen
enthüllt

die Winter
abgeschmolzen
Worte längst
gesagt.

Doch
unverstanden
bleibt der
Schrei
frühmorgens

wenn
er klamm-
heimlich
entkommen
will.

Demi-Jour

Irgendwo
müssen doch
die Fünfuhrfrüh-
gedanken
registriert sein

man wird mich
messen
an jenen
die nirgendwo
sind
und doch
irgendwo
sein müssen:

Zahllos.
Eindeutig.
Buchstaben-
frei.

Moloch

- die Stadt
ist noch
umringt
von Menschen

noch immer
bewegen
sie sich
grenzland-
flüchtig

Zäune Wälle
remparts
einstweilen

die
Unaufhaltsames
halten -

France profonde

Ein Tod
im
Ehrenfeld
ganz ohne
Uhr.
Nur Licht
nur Tanz im
Lid.

Ein Tod
im Sonnenbad.
Im Ährenfeld.
Ein zartes
Blinken.

- Frühlings-
tod.

Ich gestern

wie
vergesse ich
dass ich
lebe
es drängt mich
ein Klang
ich spreche
gegen
die Worte
es sucht mich
nichts

- außer
ein Tag

Ich morgen

immer
bin ich
fertig
mit
dem Hören
nichts mehr
kommt
aus dem
Sog
es klingt
wie Lachen

aber
es schweigt

Ich dann

nimm die
Zeichen
von mir
die Signale
lass sie
fremde Wunden
erleuchten

es geht mir
nicht
um den
Schmerz

denn
ich lebe

Ich wann

ich spreche
ins Halblicht
es ist
ein Ton
ohne Lösung

ich spreche
ins Licht
ich sehe
den Ton

mir fehlt
ein Gesicht

Ich danach

und
wächst
seitdem
genussreich
ohne Weg
spiralt ins
ferne weite
Abseits

mein Tag
erlaubt sich
zwei
Lächeln
- zwei

<u>Dann und</u>
<u>wann</u>

ich
bin vorbei
bin gestern
erst
morgen
bin hier
dann und wann
bin jetzt
danach

- für immer
noch
kein
Ich

Rêve

Wieder Mensch.
Wieder Tag.
Wieder Flamme.
Rastlos.
Sichtbar
das Gleiche.
Das Tag-
gleiche
das Nachtgleiche:

Mensch
Tag
Flamme
Nacht.

Lodern
zum Besseren.

Bitter.

Silberspur

- es war
weil ich mich
fand
bevor ich mich
suchte
- das Einerseits
so eben

so fahrig
das Andererseits
im
Junisound

neben den Spuren
der Schnecke
Rue des Cascades
jedwede
Richtung -

belles lettres 9/2019

- er liegt
bäuchlings
schweißnass
in Blutspuren

auf nacktem
Rücken
der Schuhabdruck
- zwei Buchstaben
zickzacklinien
eine Zahl
- belles lettres -
die Welle
schwarzgelb
Aufstand flutet
die Place de la
Sorbonne
- am Boden wirr
Caféhaustische
Teller Tassen
ein Buch -
Fäuste Geschrei
Gewalt

ich rette einzig
die stablange Tüte
Zucker
unversehrt
beschriftet
- belles lettres -

<u>Comme ça</u>

Ideen faulen
im Rinnstein.
Rue Cujas.
Am Container
der École maternelle
schimmeln Masken
wo im Herbst
noch zerfetzte
Gelbwesten
mahnten.

Das Gerüst
Haus 21
bringt eine
blutige Schramme.
Die werde ich
nach einem
café noir
bei *Le Cosi*
weiter oben
mit Rameau
und Lully heilen.

In meiner Post
der laute Brief
des verwirrten
Nachbarn
- mit einem völlig
zerlegten
Abhör-Set.

Valérie IV

Dein Auge
spendet meinem
Kopf
neueste Einsamkeit
schmerzt
ohne Biss
macht schwer mich
doch ich schwebe.

Die Rue
Saint-Jacques
wirft
Finsternächte
an den Horizont

die nenn ich
beim Namen

doch sie gehören
schleichend
längst
einem anderen
Weg.

Loft

noch immer
bin ich
das Tier
unter
der Brücke
mit Aussicht
zum 6. Stock

der Dunst
über dem Fluss
so nah
am Gesicht
- grenzwertig

prekär
vermutlich
aus großer Höhe
die Junipracht

golden

Corona 4/2020

- zwei
Einmotorige
beschwichtigend
im Hitzehimmel
über der leeren
fast schuldigen
Place Contrescarpe

den Passierschein
griffbereit
gehe ich
kein Mensch
nirgendwo
höre Botschaften
das Brummen
unschuldiger
Sommer

vier Judasbäume
inmitten
in Blüte
das Café Delmas
todernst
versiegelt

das Spruchband
der Flieger
kann niemand
lesen -

Jan Turovski, 56-jährig, am Quai de Bourbon in Paris

Die Gedichte aus dem Kapitel
<u>*Die Worte der Farben*</u>
sind dem Maler André Goezu (Paris)
und seinem Werk gewidmet.

Nachwort

Turovskis Gedichte sind wie verfeinerte Prosa. Sie transportieren Stimmung, Gefühl, Atmosphäre, sind äußerst genau, doch unfassbar. Divergierende Kräfte scheinen auf magische Weise den Körper moderner Sprache zu einen, während doch alles Gewebe zu zerreißen droht. Das Zentrum der Liebe, der Dinge, ist gleichermaßen nah und fern. Gestern, heute, morgen. Endlose Tage scheinen zu entstehen mit den Farben der Worte, die in keinem Malkasten zu finden sind. Auch mit lakonischer Schärfe teilt Jan Turovski aus und berührt dabei höchst sensibel Orte der Fantasie, Erinnerung, Gegenwart und Zukunft.

JAN TUROVSKI

Geboren in Bielefeld, lebt derzeit in Bonn.
Romane, Kurzgeschichten, Lyrik, Theaterstücke.
Studienjahre in Cambridge, London und Paris.
Amerika-Aufenthalte.
Cambridge University: Certificate of Proficiency in English.
Diploma in English Language. Contemporary literature.
Université de Paris: Sorbonne Diplôme de langue et
littérature françaises. Lettres modernes.
Collège de France: Literatur-Vorlesungen
Student trainee der Fa. Selfridges Ltd. London.

3 x Granta-Preis für die Short Stories *Purgatory*,
The Witness und *Blue Glass*.
'Prix Littéraire Européen Arthur Rimbaud 2000' für die
unveröffentlichten Manuskripte *Sophie fatale* ... (Roman)
und *Die blaue Provinz* (Gedichte).

Mitarbeit an *die horen, The London Magazine*, Lyrik-
Anthologien, sowie an Rowohlts Don-Juan-Anthologie:
'Geschichten zwischen Liebe und Tod'.
Beiträge in Zeitungen, Zeitschriften, Rezensionen usw.

Buch-Publikationen:

1988: *Die Sonntage des* Herrn *Kopanski*, Roman,
Benziger Verlag/Zürich.
1995: *Der Rücken des Vaters*, Roman, Avlos Verlag.
1997: *Vor(w)orte der Liebe*, Gedichte, Avlos Verlag.
2002: *Sweet Home*, Kurzgeschichten, bei Ango Boy.
2012: *Berni, Bastian und Therese*, Novelle, Bouvier.

Weitere Bücher von Jan Turovski bei Andiamo:

Die Spur der Louise B., Roman, 2020, kartoniert,
225 Seiten, 13.90 € - ISBN 978-3-7519-7408-0

Nowhere Point, Roman, 2020, kartoniert,
180 Seiten, 12.90 € - ISBN 978-3-7504-5811-6

Madame Bourgin, Roman, 2018, kartoniert,
151 Seiten, 12.00 € - ISBN 978-3-748112-46-4

Kopanski kehrt zurück, Roman, 2018, kartoniert,
192 Seiten, 13.90 € – ISBN 978-3-746080-74-1

Die Sonntage des Herrn Kopanski, Roman, 2018,
kartoniert, 260 Seiten, Neuausgabe
13.90 € , ISBN 978-3-746043-07-4

Der Fall Odile Féret, Roman, 2017, kartoniert,
204 Seiten, 13.90 € – ISBN 978-3-936625-85-1

Polnische Dörfer, Roman, 2016, kartoniert,
220 Seiten, 13.90 € – ISBN 978-3-936625-80-6

Millingers Bart, Roman, 2016, kartoniert,
236 Seiten, 13.90 € – ISBN 978-3-936625-79-0

Almuts Affären, Roman, 2015, kartoniert,
200 Seiten, 13.90 € – ISBN 978-3-936625-78-3

Der lange Arm, Roman, 2015, kartoniert,
196 Seiten, 13.90 € – ISBN 978-3-936625-57-8

Das sprichwörtliche Leben, Roman, 2014, kartoniert,
184 Seiten, 13.90 € – 2. Auflage 2015,
ISBN 978-3-936625-77-6

Sophie fatale ..., Roman, 2014, kartoniert,
200 Seiten, 13.90 € – 2. Auflage 2015,
ISBN 978-3-936625-75-2

Der Rücken des Vaters, Roman, 2013, kartoniert,
156 Seiten, 12 € – 3. Auflage 2015,
ISBN 978-3-936625-76-9

Empfehlungen:

Darina Schneider: *Sehsucht*, Gedichte,
48 Seiten, Hardcover mit Schutzumschlag,
ISBN 978-3-936625-84-4, 14,80 €

Rumjana Zacharieva: *Am Grund der Zeit*, Gedichte,
116 Seiten, kartoniert,
ISBN 978-3-936625-20-2, 12,90 €

Werkauswahl Klaus Servene bei Andiamo:

Band 1: *Wilder Honig* – Lyrik, Essays, Szenen,
262 Seiten, kartoniert,
ISBN 978-3-936625-68-4, 14.80 €

Band 2: *Und über uns – die Brücke der Erwartung*,
Erzählungen, 192 Seiten, kartoniert,
ISBN 978-3-936625-70-7 , 12.90 €

Band 3: *Fell & Seife* – Zwei Romane,
212 Seiten, kartoniert,
ISBN 978-3-936625-17-2, 13,90 €

Band 4: Hitzkopf, Roman,
204 Seiten, kartoniert,
ISBN 978-3-936625-12-7, 14.80 €

Aus der Enge, Gedichte und Textamente,
84 Seiten, Hardcover, Schutzumschlag,
ISBN 978-3-936625-67-7, 14.80 €